Weihnachtswichtel

Tomte zieht ein

Daniel Seiler

Daniel Seiler

WEIHNACHTSWICHTEL
TOMTE ZIEHT EIN

Impressum

Herstellung und Verlag:
BoD – Books on Demand, Norderstedt

Bibliografische Information der Deutschen Nationalbibliothek:
Die Deutsche Nationalbibliothek verzeichnet diese Publikation
in der Deutschen Nationalbibliografie; detaillierte
bibliografische Daten sind im Internet über dnb.dnb.de
abrufbar.

Inhaltsverzeichnis

Die Vorbereitung

Die Weihnachtszeit ist für die meisten Menschen, ganz unabhängig vom Alter, wohl mit die schönste Zeit im Jahr. Plätzchen- und Tannennadelduft erfüllen den Raum, es gibt heißen Kakao und wenn es draußen bereits schon am Nachmittag dunkel wird, erhellen sich die eigenen vier Wände im gemütlichen Licht durch Kerzenschein und Lichterketten.

Für Kinder ist diese Zeit ganz besonders aufregend, denn Sie fiebern auf das Weihnachtsfest hin. Grund dafür sind zum einen die Geschenke, das leckere Essen aber eben auch, und das ist besonders wichtig, die Zeit gemeinsam mit der ganzen Familie. Da kann das warten bis zum Fest schon mal sehr herausfordernd sein. Ihr könnt euren Kindern aber die Zeit bis zum Weihnachtsfest mit einem skandinavischen Brauch erleichtern: die Wichteltür.

Vielleicht habt ihr schon mal von diesem Brauch gehört. Denn hierbei handelt es sich um eine ca. Handgroße Tür, welche an der Fußleiste befestigt wird. Dahinter wohnt dann für die Weihnachtszeit ab dem 1. Dezember ein kleiner Wichtel. In der Nacht wacht der Wichtel dann laut einem dänischen Brauch über das Haus und die Menschen, die es bewohnen. Deshalb sind die Wichtel auch nachtaktiv und man bekommt sie am Tage niemals zu Gesicht.

Die Tür dient dazu dann auch als Portal für die Wichtel, um an den Nordpol zum Weihnachtsmann oder aber auch zum

Christkind zu gelangen. Hier lässt sich der Brauch individuell etwas verändern.

Es gibt verschiedene Namen für die Wichtel, da sich die Sagen und Bräuche um diese Weihnachtsfiguren unterscheiden. In Finnland wird er "Tonttu" genannt und im schwedischen "Tomte". Für den weiteren Verlauf soll unser Wichtel Tomte heißen, gerne könnt ihr euch aber auch an andere nordische Mythen orientieren und euren Wichtel anders benennen.

Wichtig ist hier vor allem, dass euer Kind nicht versucht, die Tür zu öffnen. Es schaut sonst auf eine kahle Wand und der Zauber der Weihnacht geht sehr wahrscheinlich verloren. Vermittelt eurem Kind also bereits vorab, dass es sich um eine Zaubertür handelt, welche dafür sorgt, dass der Wichtel und die Welt des Wichtels verschwinden, sollte ein Mensch versuchen, sie zu öffnen. Habt ihr ein besonders neugieriges Kind, könnt ihr zum Beispiel das Bild eines langen Tunnels hinter die Tür kleben. So bleibt das Märchen dennoch erhalten.

Dieser Brauch eignet sich für Kinder ab vier Jahren und lässt sich aber durch die anpassbare Gestaltung der Briefe und Aufgaben für Kinder jeden Alters umsetzen.

Ihr findet zunächst eine Anleitung, wie ihr eine Wichteltür basteln und gestalten könnt. Kurze FAW beantworten häufige Kinderfragen zu Tomte. Dann folgen 24 Briefe und abwechslungsreiche Aufgaben, welche ihr so übernehmen könnt, um euer Kind auf das Weihnachtsfest vorzubereiten und gemeinsam eine schöne Adventszeit zu gestalten.

Die Briefe schreibt ihr am besten auf Pergamentpapier ab, fügt den Namen eures Kindes ein und passt sie an euren Alltag an.

Im letzten Kapitel findet ihr alternative Ideen, welche Aufgaben und Themen ihr berücksichtigen könnt, um eine schöne und außergewöhnliche Vorweihnachtszeit zu gestalten, sofern ein Brief und eine Idee einmal nicht in euren Alltag passen sollte.

Viel Spaß mit Tomte & eine schöne Adventszeit euch!

Bastel- und Deko-Anleitung

Ihr benötigt für dieses Projekt eine Schere, Klebstoff und Pinsel. Außerdem benötigt ihr für die Tür und Leiter noch 8 Holzstäbchen (zum Beispiel von Eis am Stiel), ein Stück Pappe, Acrylfarbe, kleine Sterne aus Filz, eine kleine Filzkugel für die Türklinke (alternativ auch gerne eine Perle oder eine andere Kugel), ein Rundholz von 4mm und eine flache Holzstange mit einer Breite von 8mm. Für die Deko benötigt ihr eine kleine Streichholzschachtel, Tannenbäumchen aus Plastik, einen Schlitten, winzige Stiefel und was euch sonst noch so einfällt, um die Wichteltür echter aussehen zu lassen.

Als Erstes bemalt ihr die Holzstäbchen mit der Acrylfarbe eurer Wahl. Danach schneidet ihr ein Stück Pappe aus, auf dem gerade so 7 der 8 Holzstäbchen passen, die Pappe soll hierbei nicht mehr zu sehen sein. Sie dient zum einen als Bindungsstück und soll zum anderen einen guten Halt an der Wand gewährleisten.

Befestigt nun die 7 Holzstäbchen auf der Pappe und lasst den Kleber gut trocknen. Anschließend wird das 8. Holzstäbchen quer von links unten nach rechts oben über die 7 Holzstäbchen geklebt. Ist auch dieses Holzstäbchen gut getrocknet, könnt ihr den Türknauf und die kleinen Filzsterne an der Tür befestigen. Auch ein Mini-Tannenzweig, ein Tür Kranz, eine kleine Schleife oder was euch eben sonst noch so einfällt, kann für die Dekoration genutzt werden.

Für die Leiter schneidet ihr euch drei gleichgroße Teile der flachen Holzstange zurecht. Von der runden Stange schneidet ihr euch zwei Teile ab, mit der sich Tür und Boden verbinden lassen. Bestreicht die Teile behutsam mit Kleber und klebt die drei flachen Hölzer zwischen die beiden Runden. Diese dienen als Sprossen, auf welche der Wichtel auf- und absteigen kann.

Befestigt nun die Tür über eure Fußleiste und verbindet Tür und Boden mit der Leiter. Daneben klebt ihr dann die Streichholzschachtel, welche ihr vorher bepinselt und es mit dem Schriftzug "Post" versehen habt. Die Tannen, den Schlitten und die kleinen Schühchen stellt ihr Drumherum. Das sorgt zusätzlich für die richtige Atmosphäre.

Kinder-FAQ

Wo kommt der Wichtel her?

Tomte kommt aus einem Wichtelwald in Schweden, welcher für Menschen allerdings unauffindbar ist. Hier lebt er mit vielen anderen Wichteln.

Wie lebt er?

Unser Wichtel lebt in einem hohlen Baum, besitzt eine kleine Stube mit Tisch und Stühlen, einem Bett und einer kleinen Küche. Ab und zu kommen ihn auch andere Wichtel besuchen und sie machen es sich an dem Kaminfeuer von Tomte gemütlich und erzählen sich lustige Geschichten.

Gibt es weitere Wichtel?

Ja, die gibt es. Denn auch in anderen Häusern besuchen so manche Wichtel die Kinder und ihre Familien. Außerdem gibt es nicht nur Wichtel aus Schweden. Auch andere Wichtelfamilien aus anderen Ländern wie zum Beispiel Finnland, lassen sich gerne in den Häusern blicken, um ihren Schabernack zu treiben.

Wo geht er nach dem Advent hin?

Nach dem Advent trifft er sich wieder mit den anderen Wichteln in seinem Wichtelwald, wo sie auf den Wald aufpassen und ihren täglichen Abenteuern nachgehen.

Was mag er und was mag er nicht?

Tomte ist, wie jeder andere Wichtel, sehr schüchtern. So mag er es nicht gesehen oder sogar beobachtet zu werden und würde sich deshalb sofort in Luft auflösen und nicht mehr wiederkehren, sobald er gesehen wurde. Er mag es warm, kuschelig und ab und zu vernascht er auch Kekse, was er natürlich niemals zugeben würde. Tomte ist ein sehr eigensinniger Wichtel.

Denkt euch gerne selbst verschiedene Antwortmöglichkeiten und eine Geschichte zu Tomte aus, damit euer Kind versteht, mit was es hier zu tun hat. So kann es sich nämlich ein besseres Bild von dem Wichtel machen und sich ihn dementsprechend besser vorstellen.

24 Briefe und Anleitungen für die Adventszeit

1. Dezember

Brief zum 1. Dezember

Hallo liebe*r [NAME],

du wunderst dich bestimmt, was ich hier mache. Nun, ich bin ein Weihnachtswichtel. Genauer gesagt nennt man mich auch Tomte und ich bin bis Weihnachten der Hauswichtel, welcher über euch und euer Haus wacht.

Warum das Ganze? Weißt du mein*e Liebe*r, dass ist schon seit Jahrhunderten so Tradition. Du wirst mich in den nächsten Tagen und Wochen noch näher kennenlernen, aber nun möchte ich dich noch um etwas bitten.

Ich bin heute Nacht angekommen und brauche noch Möbel. Ein Tisch mit Stühlen, ein Bett und ein Teppich wären fein, kannst du mir damit helfen? Stell sie einfach heute Abend vor meine Tür, dann hole ich sie mir, wenn du schläfst. Mich darf nämlich niemand sehen und auch die Tür darf nicht geöffnet werden, ansonsten endet das Weihnachtsmärchen hier für uns.

Also dann, ich bin schon ganz gespannt auf die Möbel.

Bis bald, dein Tomte!

Anleitung zum 1. Dezember

Heute soll es darum gehen, dass ihr ein paar Möbel für Tomte bastelt. Ihr könnt natürlich auch noch mehr Möbel herstellen, der Fokus liegt aber erst mal auf ein Bett, ein Tisch mit Stühlen und ein Teppich.

Für das Bett benötigt ihr fünf Streichholzschachteln, eine Korkplatte mit Klebefolie (alternativ ein Stück Pappe), Farbe (Sprüh- oder Acryl), etwas Filz, eine Serviette, eine Heißklebepistole und eine Schere.

Mit der Heißklebepistole klebt ihr jeweils zwei Streichholzschachteln mit der großen Fläche aufeinander. Nun klebt ihr an einer der Doppelschachteln mit der schmalen Seite nach oben und unten die fünfte Schachtel. Das wird später das Kopfteil. Malt das Konstrukt nun in der Farbe eurer Wahl an. Ist die Farbe dann gut getrocknet, kann es weitergehen.

Schneit nun ein Stück Kork oder Pappe passend zu, sodass die Innenfläche des Bettes inklusive Kopfteil beklebt werden können. Lasst zwischen den beiden Streichholzschachtel-Konstrukten ca. drei Finger Platz, schließlich soll das Bett für Tomte ja groß genug sein. Streicht den Kork gut fest.

Schneidet dann aus dem Filz ein passendes Bettlaken, aus der Serviette schneidet ihr dann eine Decke und ein Kissen. Für das Volumen des Kissens schneidet ihr einfach so viel ab, dass ihr es noch dreimal in sich falten könnt.

Für den Tisch mit den Stühlen benötigt ihr etwas Moosgummi, acht kleine Hölzer (zum Beispiel Holzdübel), vier mittellange Hölzer (zum Beispiel Holzdübel), eine Schere und eine Heißklebepistole.

Schneidet aus dem Moosgummi die Tischplatte aus. Mit der Heißklebepistole gebt ihr dann in die vier Ecken jeweils einen Klecks Heißkleber und klebt die 4 mittellangen Hölzer fest, bis sie angetrocknet sind. Für zwei Stühle schneidet ihr je ein kleines Stück Moosgummi aus und eins, dass doppelt so groß ist. Das größere Stück wird die Rückenlehne und wird an dem Kleineren festgeklebt. Am Schluss kommen die Holzbeine noch unten drunter wie bei dem Tisch.

Aus einer Serviette könntet ihr noch eine Tischdecke schneiden.

Für den Teppich könnt ihr einfach ein Stück Filz, Stoff oder auch eine Serviette nehmen und ggf. noch gestalten.

Am Abend stellt ihr dann alles vor Tomtes Tür..

2. Dezember

Brief zum 2. Dezember

Hallo liebe*r [NAME],

vielen lieben Dank für die tollen Möbel, sie passen wirklich super in mein neues Zuhause hier. Jetzt, wo meine Wohnung eingerichtet ist, würde ich dich und deine Familie wirklich gerne besser kennenlernen.

Hast du Lust, einen Steckbrief über dich und deine Familie zu gestalten? Weißt du, meine Lieblingsfarben sind grün und rot und ich fände es super, wenn du deinen Steckbrief mit diesen Farben ein wenig gestaltest, dann kann ich sie mir in meine Wohnung stellen.

Ich freue mich schon darauf, dich durch den Steckbrief besser kennenzulernen.

Bis bald, dein Tomte!

Anleitung zum 2. Dezember

Ein Steckbrief könnt ihr entweder schreiben lassen oder euer Kind malt auf, wie es aussieht, was es gerne mag, was es nicht mag, wie ihr ausseht, vielleicht auch euer Haustier und was seine Hobbys sind. Beim Namen und auch dem Alter könnt ihr dann ggf. etwas nachhelfen. So lernt es ganz nebenbei auch noch etwas.

Für den Steckbrief braucht ihr lediglich ein paar Blätter Papier und Stifte eurer Wahl. Folgende Dinge könnten hierbei berücksichtig werden: Name, Alter, Geburtsdatum, Alter, Hobbys, Lieblingsspeise, Lieblingstier, Lieblingsschulfach, Dinge die nicht gemocht werden und eine Unterschrift.

Falls euch oder dem Kind noch etwas anderes einfällt, darf das natürlich ergänzt werden.

Im Anschluss darf dann etwas über die ganze Familie geschrieben werden, vielleicht wie eine Art Interview mit jedem Familienmitglied mit denselben Stichpunkten.

Die Farben grün und rot sollten berücksichtigt werden, beispielsweise kann in diesen Farben geschrieben werden oder die Papiere können die Lieblingsfarben von Tomte haben.

Legt den Steckbrief am Abend vor Tomtes Tür, damit er ihn über Nacht lesen kann.

Brief zum 3. Dezember

Hallo liebe*r [NAME],

danke für deinen tollen Steckbrief, nun kann ich mir vorstellen, wie toll du bist und wie du mit deiner Familie zusammenlebst. Das ist wirklich klasse!

Gestern beim Durchlesen von deinem Brief, habe ich meine letzten Kekse aufgegessen, dass macht mich wirklich traurig. Denn weißt du... ich LIEBE Kekse und das so sehr, dass ich in ihnen baden könnte. Meinst du, du könntest zusammen mit deiner Mama oder deinem Papa ein paar Plätzchen für mich backen? Ich mag wirklich jeden Keks, also back doch einfach deine Lieblingskekse und ich probiere sie.

Bis bald, dein Tomte!

Anleitung zum 3. Dezember

Es gehört einfach zur Weihnachtszeit dazu, Plätzchen zu backen. Deswegen passt das natürlich super, um es mit einer Wichtelaufgabe in Verbindung zu bringen. Nehmt einfach ein Rezept eurer Wahl und backt daraus viele Kekse, natürlich auch ein paar kleinere für Tomte. Erinnert euch an seine Lieblingsfarben: grün und rot.

Ihr könnt dann Lebensmittelfarbe mit weißer Schokolade oder Zuckerguss vermischen und damit die Plätzchen dekorieren, sobald diese abgekühlt sind. Auch Smarties oder essbare Perlen können hierfür verwendet werden.

Am Abend stellt ihr die Kekse für Tomte wieder vor seine Tür, damit er sie in der Nacht essen kann. Ihr könnt dann, natürlich wenn euer Kind schläft und nichts mitbekommt, ein paar Kekskrümel vor Tomtes Haus verteilen. So sieht es dann aus, als hätte er gleich alle an Ort und Stelle verputzt.

4. Dezember

Brief zum 4. Dezember

Hallo liebe*r [NAME],

die Kekse waren super und total lecker. Wenn du noch welche übrig hast, darfst du mir gerne immer wieder zwischendurch zwei oder vielleicht auch drei Kekse vor die Tür legen. Ich habe jetzt immer noch den Geschmack im Mund, total leckerschmecka!

Als Dankeschön habe ich dir ein paar von meinen Keksen auf den Tisch gelegt, probiere sie mal, die essen wir im Wichtelwald total gerne. Mal mir gerne einen Daumen nach oben oder nach unten, wie dir die Kekse geschmeckt haben.

Ach so, apropos Wichtelwald, morgen werde ich dir mehr darüber erzählen, also sei gespannt! Nun gehe ich aber erst mal schlafen, die Nacht war lang und Kekse essen ist schließlich anstrengend.

Bis bald, dein Tomte!

Anleitung zum 4. Dezember

Es kommt nicht immer darauf an, viel zu machen oder große Aufgaben zu erledigen. Die Zeit miteinander, besonders in der Weihnachtszeit, sollte dabei stets im Vordergrund stehen.

Deswegen platziert ihr, bevor das Kind aufsteht, auf dem Tisch ein paar Kekse eurer Wahl (natürlich nicht die, welche ihr mit dem Kind gebacken habt) und esst sie dann gemeinsam. Konzentriert euch auf den Geschmack, welche Zutaten könnt ihr schmecken? Konzentriert euch gemeinsam auf euren Geschmackssinn.

Gerne könnt ihr hier auch etwas Fantasie einbauen und Dinge wie Feenstaub, Einhorn-Glitzer oder Sonnenstrahlen "schmecken".

Zum Schluss hat Tomte das Kind gebeten, einen Daumen, der nach oben oder unten zeigt, aufzumalen. Dazu reich ein Blatt Papier und ein Stift. Das fertige Bild wird dann wieder vor seine Tür gelegt und ist am nächsten Tag wie immer verschwunden.

5. Dezember

Brief zum 5. Dezember

Hallo liebe*r [NAME],

gestern habe ich dir ja versprochen, dir von meinem Wald zu erzählen. Das bleibt unser kleines Geheimnis, denn eigentlich darf ich darüber nicht so viel erzählen.

Nun gut, also in unserem Wald leben wir Wichtel in leeren Holzstämmen, in Pilzen oder kleinen Höhlen. Es gibt Bäume, die so groß sind wie ein Hochhaus. Auf den Vögeln können wir durch die Lüfte fliegen und Eichhörnchen können uns am Boden von einem Punkt zum anderen bringen. Das ist manchmal vielleicht aufregend, sage ich dir. Wir leben außerdem mit Feen, Einhörnern, Trollen und Kobolden zusammen. Viele Menschen glauben nicht an uns oder die Vielfalt unserer Mitbewohner, aber eines sage ich dir, die Schönheit der Feen und Einhörner ist wirklich unbeschreiblich und die Kobolde... nun ja, wie soll ich sagen? Wenn es keine kugeligen Kobolde gibt, dann will ich nicht mehr Tomte der Wichtel heißen, jawohl!

Nachts können wir trotz der hohen Bäume oft die Sterne beobachten und Glühwürmchen leuchten uns den Weg. Es ist wirklich kaum zu beschreiben, wie schön es in unserem Wichtelwald ist. Puh, jetzt habe ich aber eine ganze Menge geschrieben. Wie sieht euer Wald eigentlich aus? Magst du mir das mal auf Fotos zeigen?

Bis bald, dein Tomte!

Anleitung zum 5. Dezember

Das ist eine super Motivation, um rauszugehen: Fotos für Tomte von einem nahe gelegenen Wald zu machen und diese auszudrucken. Schnappt euch also eine Kamera, gerne auch ein Smartphone, und macht zusammen Bilder. Vielleicht möchte es sich ja auch fotografieren lassen, um Tomte zu zeigen, wie es aussieht. Fotografieren sollte hierbei aber natürlich vor allem euer Kind. Im Anschluss könnt ihr die Bilder dann entweder zu Hause oder für ein paar Cent bei Rossmann oder DM ausdrucken.

Wenn ihr mögt, könnt ihr auch noch in einem Lexikon oder im Internet schauen, welche heimischen Tiere bei euch im Wald leben und diese aufschreiben oder aufmalen. Alles zusammen legt ihr dann wieder vor Tomtes Tür.

6. Dezember

Brief zum 6. Dezember

Hallo liebe*r [NAME],

euer Wald sieht ja wirklich fast so aus wie unserer, nur fehlt bei euch etwas Magie. Wir haben zum Beispiel auch Blumen, die nach Lust und Laune ihre Farbe wechseln können wie ein Chamäleon. Das ist echt super und voll schön anzusehen. Ach so, es gibt außerdem auch noch Blumen, die durch die Gegend laufen, so was habt ihr glaube ich auch nicht, oder?

Ach, es ist so schade, ich würde dir so gern mal meinen Wald zeigen aber... dann bekomme ich großen Ärger, deshalb geht es leider nicht. Unsere Existenz muss nämlich geschützt werden, damit die Menschen nicht kommen und die Magie vollständig verschwinden lassen.

Irgendwie vermisse ich den Wald und meine Freunde schon... Aber es ist auch schön, hier zu sein. Was hilft dir, wenn du traurig bist und du Trost brauchst?

Ich würde mich so gerne mal mit dir unterhalten. Aber Momentchen mal! Unterhalten geht nicht, aber ein Brief von dir, das wäre fein! Heute ist doch Nikolaus oder? Erzähl mir mal, welche Naschereien du heute bekommen hast. Bekommst du auch Geschenke an Nikolaus? Schreib und mal es mir in elnem Brlef, ich bin schon ganz gespannt.

Bis bald, dein Tomte!

Anleitung zum 6. Dezember

Tomte hat viel über euch erfahren und viel von sich erzählt. Er fühlt sich ohne seine Wichtelfamilie und ohne seinen Wichtelwald einsam und möchte nun etwas persönlichen Austausch mit eurem Kind. Lasst einen lieben und herzensguten Brief an Tomte schreiben. Außerdem hat der Wichtel gefragt, was es vom Nikolaus gab, auch das kann gerne mit eingebunden werden. Ggf. kann manches auf gemalt werden, das liegt in der Entscheidung eures Kindes.

Wenn euer Kind noch zu jung zum Schreiben ist, kann es auch erzählen, was es schreiben würde und ihr schreibt es nieder. Dazu braucht ihr nicht mehr wie einen Stift und ein Blatt Papier.

Zusätzlich hat Tomte gefragt, was eurem Kind gegen Traurigkeit hilft. Fragt hier noch mal spezifisch nach und lasst Tomte etwas ähnliches tun, indem ihr es in dem Brief schreibt oder diese Sache (zum Beispiel Schokolade oder einen Kuschelbär) vor seiner Tür platziert.

Dadurch lernt euer Kind übrigens, Gefühle zuzulassen und auch darüber zu sprechen.

7. Dezember

Brief zum 7. Dezember

Hallo liebe*r [NAME],

ich fühle mich schon so viel besser, du hast mir wirklich einen tollen Brief geschrieben/ ein tolles Bild gemalt und das hat mich wirklich sehr getröstet. Dankeschön! Es ist toll, dich als meine*n Freund*in zu haben.

Weißt du, was ich total vergessen habe? Meinen Lieblingstee einzupacken, kannst du das glauben?! Naja wie dem auch sei, meine Tasse habe ich da und mein Tee-Ei auch, aber das Wichtigste fehlt: mein Lieblingstee. Hast du Lust, mir einen eigenen Tee nach deiner Kreation herzustellen? Mir ist in der Nacht nämlich oft sehr kalt und eine heiße Tasse Tee wäre da perfekt. Außerdem brauche ich noch etwas Feuerholz, kannst du raus gehen und nach kleinen Ästen suchen und mir wieder alles zusammen vor meine Tür legen?

Bis bald, dein Tomte!

Anleitung zum 7. Dezember

Heute wollt ihr etwas gegen die Kälte für Tomte tun. Zum einen stellt ihr heute euren eigenen Tee her und zum anderen sammelt ihr draußen ein wenig Feuerholz.

Für den Tee könnt ihr alle möglichen Zutaten verwenden, hier sind einige Beispiele für euch.

Wildkräuter: Gänseblümchen, Huflattich, Breitwegerich, Wiesenschaumkraut und Kamille

Teepflanzen: Melisse, Salbei, Apfelminze, Zitronenthymian, Rosmarin, marokkanische Minze, Zitronenbasilikum und Zitronenmelisse

Obst: Schalen von Äpfeln, Birnen und Orangen, getrocknete Früchte jeglicher Art

Sonstiges: Brennnesseln, ätherische Öle, Harze, Hagebutte, Löwenzahn, Lavendel, Waldmeister, Ingwer, Lindenblüten, Himbeer- und Brombeerblätter

Habt ihr euch dann für eine Mischung entschieden, gebt ihr alles zusammen in eine Butterbrottüte, verschließt diese gut und schüttelt die Mixtur einmal gut durch. Probiert den Tee zunächst selbst und entscheidet, ob die Mischung so gut ist. Danach füllt ihr fünf Teelöffel in eine kleine Schale und stellt sie vor Tomtes Tür.

Im Anschluss geht ihr nach draußen und sammelt ein paar Zweige. Diese brecht ihr dann noch klein, sodass Tomte sie gut tragen kann, und legt sie ebenfalls vor seine Tür. Mit dem Feuer und auch dem Tee wird er sich in den kommenden Nächten gut wärmen können.

8. Dezember

Brief zum 8. Dezember

Hallo liebe*r [NAME],

du bist echt der/die beste*r Freund*in, den/die man sich nur wünschen kann! Der Tee war total lecker und das Feuerholz reicht erst mal, um mich warm zu halten.

Aber eines muss ich dir sagen, du könntest ruhig mal wieder dein Zimmer etwas aufräumen und putzen. Wir Wichtel legen großen Wert auf Ordnung und Sauberkeit, auch wenn es bei uns manchmal nicht so danach aussieht, aber... ich habe mir echt doll meinen großen Zeh an deinem Spielzeug gestoßen. Und ja, ich gebe es zu, ich bin heute Nacht mal etwas durch dein Zimmer gelaufen und habe.. ähm... nach dem Rechten geschaut, ja genau.

Ich möchte mich beim nächsten Mal nicht wieder stoßen, nachher falle ich noch darüber und purzle durch dein Zimmer. Würdest du mir den Gefallen tun und dein Zimmer aufräumen?

Dafür schenke ich dir morgen auch was Feines, wenn ich heute Nacht nicht wieder durch die Gegend stolpere.

Bis bald, dein Tomte!

Anleitung zum 8. Dezember

Heute geht es also in erster Linie darum, dass das Kinderzimmer aufgeräumt wird. Keine große Sache, aber eben auch wieder eine lustige Motivation, um euer Kind zu Ordnung und Sauberkeit anzuregen.

Tomte hat auch von einer Belohnung, einem kleinen Geschenk gesprochen. Lasst Tomte eurem Kind doch statt einer Süßigkeit o.Ä. ein Gesellschaftsspiel schenken. Damit könnt ihr morgen dann einen geselligen Spielenachmittag miteinander verbringen.

Platziert also natürlich nur wenn euer Kind auch der Bitte von Tomte nachgegangen ist, ein Spiel an einem Platz eurer Wahl und Tomte legt dann noch einen kleinen Brief dazu.

9. Dezember

Brief zum 9. Dezember

Hallo liebe*r [NAME],

wow, nun ist wirklich alles blitzsauber und ich bin heute Nacht auch nicht gestolpert, als ich mir Süßigkeiten stibitzt äh ich meine natürlich, als ich mir eure Gardinen anschauen wollte. Ich bin wirklich stolz auf dich!

Und wie versprochen habe ich dir auch ein kleines Geschenk hinterlassen. Die Zeit bis Weihnachten kann manchmal ganz schön lang sein, da gibt es nichts Besseres, als mit der Familie ein paar lustige Spiele zu spielen.

Ich hoffe, dir gefällt deine kleine Belohnung.

Bis bald, dein Tomte!

Anleitung zum 9. Dezember

Ihr habt am Vorabend ein Spiel im Raum platziert, welches euer Kind gar nicht übersehen kann. Und wie es sich für ein Geschenk gehört, ist auch das eingepackt. Lasst erst den Brief von Tomte lesen und dann das Geschenk auspacken.

Wie beschrieben eignet sich ein Gesellschaftsspiel besonders gut. Verbringt den Nachmittag heute zusammen und spiel miteinander. Dabei könnt ihr eure selbst gebackenen Kekse essen und den von euch hergestellten Tee trinken.

Gerne könnt ihr Tomte auch ein "Dankeschön-Brief" schreiben und das Kind erzählen lassen, wie es das Geschenk fand und was es heute so erlebt und gemacht hat. Den Brief legt ihr dann wieder vor Tomtes Tür, damit er ihn in der Nacht lesen kann.

10. Dezember

Brief zum 10. Dezember

Hallo liebe*r [NAME],

da habe ich doch heute Nacht glatt angefangen zu niesen und ich dachte schon, ich hätte dich damit aufgeweckt. Kannst du dir vorstellen, warum ich niesen musste? Naja, ich habe dich darum gebeten auszuräumen und mal etwas zu putzen, da habe ich selbst ganz vergessen, auch mal wieder bei mir durch die Bude zu fegen.

Meine Güte, ist das hier vielleicht staubig und unaufgeräumt. Das möchte ich gleich heute Nacht wieder richten. Mir fehlen dazu allerdings ein paar Utensilien, könntest du mir einen Besen, einen Wischmopp und einen Putzlappen organisieren?

Das wäre wirklich sehr fantastisch!

Bis bald, dein Tomte

Anleitung zum 10. Dezember

Tomte will nun also auch sein Räumchen etwas sauber machen und aufräumen. Dazu bastelt ihr heute gemeinsam einen Besen, einen Wischmopp und einen Putzlappen.

Für den Mopp und den Besen benötigt ihr zwei kleine Äste, die ca. so lang wie euer Ringfinger sind. Diese könnt ihr mit einer Schere oder einem Cuttermesser zusammen bearbeiten und ggf. noch etwas abschleifen.

Nehmt euch dann einen Pinsel mit möglichst langen Borsten vor und schneidet hier einige Haare ab. Tunkt nun ein Ende eines Ästchens in Klebstoff (zum Beispiel Alleskleber oder Heißkleber) und klebt die Borsten dann um dieses Ende herum. Ist der Kleber fast trocken, nehmt ihr euch einen Faden und wickelt ihn um das Ende und die Borsten drum herum, um zusätzlichen Halt zu geben und damit es einfach etwas schöner aussieht. Jetzt können die Borstenspitzen noch mal etwas mit der Schere bearbeitet werden.

Für den Mopp macht ihr dasselbe, nur nehmt ihr statt Pinselborsten bzw. Pinselhaar einen Wollfaden und schneidet ihn in mehrere gleichlange Stücke, sodass er eben wie ein richtiger kleiner Wischmopp aussieht. Zwirbelt die Wollfäden dazu noch etwas, dass er etwas "ranziger" und eben echter aussieht.

Den Putzlappen könnt ihr einfach aus einem alten, großen Putzlappen oder einem alten Stofftuch ausschneiden. Ggf. könnt ihr auch einen zum nasswischen und einen zum trocken wischen ausschneiden.

Am Abend wird alles wieder vor Tomtes Tür gelegt und ist am nächsten Tag in Tomtes Bude verschwunden.

11. Dezember

Brief zum 11. Dezember

Hallo liebe*r [NAME],

vielen Dank für den Besen und alles andere. Ich habe heute Nacht alles geputzt. Wie schön jetzt alles ist.

Hihi, ich hab heute eine total lustige Überraschung für dich. Schau dir mal den Adventskranz an, hihi. Ich habe die Kerzen durch Mohrrüben ausgetauscht, ist doch mal was anderes, oder meinst du nicht? Orange steht eurem Adventskranz wirklich gut. Weißt du, solche Streiche sind wichtig, damit du vom großen Meister der Streiche hier lernst, ich bin nämlich Tomte, Wichtelkönig der Streiche höchstpersönlich, jawohl!

Ich hab die Kerzen an verschiedenen Orten in eurem Haus versteckt. Wenn du sie alle gefunden hast, darfst du die Karotten gerne wieder gegen die Kerzen austauschen.

Bis bald, dein Tomte!

Anleitung zum 11. Dezember

Heute soll es mal um einen kleinen Streich von Tomte gehen, er hat nämlich die Kerzen auf dem Adventskranz gegen Karotten ausgetauscht. Dazu braucht ihr also nur vier Karotten und müsst am Abend, wenn euer Kind schläft, alles präparieren und entsprechend vorbereiten.

Am nächsten Tag, wenn euer Kind dann den Brief von Tomte gelesen hat, muss es sich auf die Suche nach den vier Kerzen begeben und darf dann die Karotten aus dem Adventskranz ziehen und gegen die Kerzen austauschen. Das ist ganz bestimmt eine lustige Suchaktion.

12. Dezember

Brief zum 12. Dezember

Hallo liebe*r [NAME],

wie ich heute Nacht gesehen habe, hast du die Kerzen ja wieder ausgetauscht. Ich hätte wirklich nicht gedacht, dass du sie alle findest, da ich echt ein Meister im Verstecken bin. Aber scheinbar bist du ein*e Meister*in im Suchen und Finden. Diese Sache mit dem Adventskranz ist echt toll, magst du mir auch einen Kleinen für mein Zimmerchen basteln? Es muss auch kein echter Kranz sein, aber grün und rot sollte er natürlich aussehen, eben in meinen Lieblingsfarben.

Bis bald, dein Tomte!

Anleitung zum 12. Dezember

Heute wollt ihr zusammen einen Adventskranz für Tomte basteln. Dazu nehmt ihr euch einfach etwas grüne und rote Modelliermasse und vielleicht auch noch andere Farben für ein paar Accessoires. Aus der grünen Modelliermasse macht ihr den Kranz. Mit deinem Zahnstocher könnt ihr ein nadelartiges Geflecht formen. Darauf kommen dann aus der roten Modelliermasse die Kerzen.

Mit anderen Farben könnt ihr noch Perlen, Sterne und vieles mehr modellieren. Backt das Ganze nach Anleitung der Modelliermasse und stellt das Endprodukt vor Tomtes Tür.

13. Dezember

Brief zum 13. Dezember

Hallo liebe*r [NAME],

vielen lieben Dank für den wunderschönen Adventskranz. Ich habe ich total gefreut als ich ihn gerade hier in meiner Höhle aufgestellt habe.

Wir Wichtel legen immer sehr viel Wert darauf, dass wir zusammenhalten. Unsere Familie und auch Freunde sind uns total wichtig. Ich finde, dass man sich viel öfter bei der Familie melden und einfach mal nachfragen sollte, wie es so geht. Meinst du nicht auch? Egal ob Opa, Oma, Tante oder Onkel: Familie heißt, für einander da zu sein, in guten wie in schlechten Zeiten.

Liebe spielt hier eine wichtige Rolle. Du hast doch bestimmt Menschen in deiner Familie, die du sehr lieb hast. Ruf sie doch heute mal an und sprich etwas mit ihnen. Das wird sowohl dir als auch deiner Familie ganz bestimmt sehr guttun.

Bis bald, dein Tomte!

Anleitung zum 13. Dezember

Die Familie steht besonders in der Weihnachtszeit sehr im Vordergrund. Deswegen ist es auch umso wichtiger, sich um diese zu kümmern. Ruft also gemeinsam entweder per Sprachanruf, aber gerne auch per Videoanruf bei all euren Verwandten an und fragt mal nach, wie es so geht.

Berichtet von Tomte und davon, dass bei euch nun vorübergehend ein Wichtel wohnt.

14. Dezember

Brief zum 14. Dezember

Hallo liebe*r [NAME],

ich habe gehört, dass ihr Menschen manchmal auf so.. so... na, wie heißen die noch gleich? Lass mich kurz überlegen. Ach ja, Weihnachtsmärkte! Ich habe gehört, dass ihr manchmal auf Weihnachtsmärkte geht und da gibt es total viele, bunte, lustige und ganz besonders leckere Sachen.

Das würde ich auch alles so gerne mal probieren, aber ich darf tagsüber, wenn die Menschen mich sehen, natürlich nicht raus. Du sag mal, kannst du mir vielleicht ein paar gebrannte Mandeln organisieren? Die würde ich wirklich unglaublich gerne mal probieren.

Bis bald, dein Tomte!

Anleitung zum 14. Dezember

Besucht doch heute mal einen Weihnachtsmarkt, um Tomte seine gebrannten Mandeln zu kaufen. Natürlich sollt auch ihr welche haben, Tomte ist ja ein Wichtel und die sind relativ klein. Deshalb legt ihm einfach fünf Mandeln vor seine Tür und schaut, ob morgen alle aufgegessen sind.

Solltet ihr, aus welchen Gründen auch immer, nicht auf einen Weihnachtsmarkt kommen, könnt ihr diese Nascherei auch ganz einfach mit nur wenigen Zutaten selbst machen, Hauptsache euer Wichtel bekommt seine gebrannten Mandeln zum Probieren und vernaschen.

15. Dezember

Brief zum 15. Dezember

Hallo liebe*r [NAME],

man, waren die Mandeln vielleicht lecker. Vielen vielen dank, dass du mir welche mitgebracht hast. Jetzt fehlt mir aber tatsächlich noch eine Sache, die es bei uns im Wichtelwald nicht gibt, zumindest habe ich das noch nie erlebt: Schnee. Es muss nicht mal echter Schnee sein, aber ich würde wirklich gerne mal wissen, wie es aussieht, wenn alles weiß bedeckt ist, weißt du, was ich meine? Vielleicht kannst du dir da ja etwas Tolles mit deiner Familie für mich ausdenken, das ist wirklich ein großer Wunsch von mir.

Bis bald, dein Tomte!

Anleitung zum 15. Dezember

Ihr wollt es heute vor Tomtes Tür schneien lassen. Dazu braucht ihr nur ein bisschen Mehl und ein Sieb. Streut vor seiner Tür und auf die Deko eine Schicht Mehl und und wartet bis zum nächsten Tag ab, ob euer Wichtel den Schnee gut angenommen hat.

Wenn euer Kind schläft, nehmt ihr euch einfach eine Kartoffel, halbiert sie in der Mitte und schneidet wie beim Kartoffel-Stempeln eine passende Form zurecht. Hier natürlich die Form von kleinen Fußabdrücken. Lasst sie durch den Schnee laufen und zieht vielleicht auch, falls vorhanden, den Schlitten durch euren künstlichen Schnee.

Am nächsten Tag wird sich euer Kind mit Sicherheit darüber freuen.

16. Dezember

Brief zum 16. Dezember

Hallo liebe*r [NAME],

der Schnee war zwar nicht echt, aber total super! Davon muss ich meinen Wichtelfreunden unbedingt erzählen, die werden vielleicht Augen machen. Aber sag mal, echter Schnee ist doch bestimmt auch etwas Feines für dich. Verbring mit deiner Familie doch den Tag im Schnee und mal mir später bei einer heißen Tasse Kakao auf, was du heute Schönes im Schnee gemacht hast. Das würde mich wirklich sehr freuen.

Bis bald, dein Tomte!

Anleitung zum 16. Dezember

Heute soll es, falls vorhanden, in den Schnee gehen. Rodelt zusammen, macht einen Wettbewerb, wer den größten Schneemann baut und veranstaltet eine Schneeballschlacht. Wichtig ist, dass ihr den Tag zusammen verbringt. Sollte kein Schnee liegen, findet ihr weiter unten einige Alternativen, wie ihr euch dennoch einen schönen Tag machen könnt.

Im Anschluss an das Abenteuer im Schnee macht ihr euch erst mal ein heißes Getränk, zum Beispiel Tee oder Kakao, und wärmt euch auf. Danach darf dann auf einem Blatt Papier und mit vielen bunten Stiften gemalt oder gerne auch geschrieben werden, was ihr im Schnee heute so gemacht habt.

Legt das Kunstwerk dann wieder vor Tomtes Tür, damit er es sich in der Nacht anschauen kann.

17. Dezember

Brief zum 17. Dezember

Hallo liebe*r [NAME],

man, das war ja gestern scheinbar ein echt toller Tag, da wäre ich auch wirklich gern dabei gewesen. Wenn nur diese doofe Regel nicht wäre, dass wir uns nicht sehen dürfen. Naja...

Hey! Aber wie wäre es, wenn du dich mal selber malst? Boa, das wäre klasse. Aber dann bitte auch lebensgroß, ich will ja schließlich so viel wie möglich über dich wissen. Ich bin schon ganz gespannt, dich dann morgen endlich mal ganz zu sehen.

Bis bald, dein Tomte!

Anleitung zum 17. Dezember

Für dieses "kleine" Projekt braucht ihr ein Stück Tapete, dass so groß wie euer Kind ist. Dann benötigt ihr noch einige Stifte und eine Schere. Schneidet ein Stück Tapete ab, dass so groß wie euer Kind ist. Dann legt es sich darauf und ihr malt einmal drum herum. Nun ist das malerische Geschick gefragt, denn euer Kind kann nun beginnen, sich selbst mit samt seinen Lieblingskleidungsstücken zu malen.

Gerne darf auch das Haustier oder das Lieblingsspielzeug dazu gemalt werden.

18. Dezember

Brief zum 18. Dezember

Hallo liebe*r [NAME],

boa, du siehst ja echt total klasse und taff aus, das finde ich megastark. Du hast echt ein künstlerisches Talent, hast du da nicht auch mal Lust, mich zu malen? Boa, das ist es! Ein Comic von... UNS! Wow, das wäre total stark!

Vielleicht kann dir deine Familie dabei ja auch ein bisschen helfen, aber eine Geschichte und ein Comic über uns beide, das wäre wirklich absolut grandios. Heute Abend kann ich ihn mir dann zu den restlichen Keksen und dem Tee durchlesen, da freue ich mich schon total drauf.

Bis bald, dein Tomte!

Anleitung zum 18. Dezember

Heute soll es also darum gehen, einen Comic und eine eigene Geschichte zu gestalten. Nehmt euch dazu eine beliebige Anzahl an DINA 4 Blättern, faltet sie in der Mitte und tackert sie entweder so zusammen oder verbindet sie mithilfe von einem Locher und einem Baumwollfaden zu einem Buch.

Anschließend muss vorne natürlich das Cover gemalt werden und in dem Buch selbst habt ihr Platz für die Geschichte. Euer Kind darf natürlich nicht vergessen, sich als Autor einzutragen und auf die Rückseite eine kurze Inhaltsangabe zu schreiben. Gerne könnt ihr dabei natürlich auch wieder helfen.

Am Abend legt ihr den Comic dann vor Tomtes Tür.

19. Dezember

Brief zum 19. Dezember

Hallo liebe*r [NAME],

der Comic war ja total stark, ich bin begeistert, wie toll du dir Geschichten ausdenken und daraus ein Comic machen kannst. Du darfst wirklich stolz auf dich sein.

Nun hast du aber wirklich genug für mich gemacht, jetzt bist du mal dran. Mach dir doch mit deiner Familie einen gemütlichen Tag, lest zusammen ein Buch, legt euch hin und hört euch zusammen ein Hörspiel an und lasst es euch bei einem entspannenden Tagesprogramm einfach gut gehen.

Für morgen habe ich mir auch schon etwas total Cooles überlegt, hihi.

Bis bald, dein Tomte!

Anleitung zum 19. Dezember

Heute dürft ihr euch einfach mal etwas entspannen und ausruhen. In der Weihnachtszeit geht es oft turbulent und stressig zu, sowohl für die Eltern als auch für die Kinder. Deswegen macht es euch heute mal etwas bequem, lest gemeinsam in dem Lieblingsbuch eures Kindes, hört euch ein Hörspiel an, macht eine Traumreise oder schaut euren Lieblingsfilm.

Dabei dürfen natürlich Kakao, Tee und ein paar leckere selbst gebackene Kekse nicht fehlen. Auch Kuschelzeit ist zwischendurch erwünscht. Das stärkt eure Bindung und bewiesenermaßen sogar euer Immunsystem.

20. Dezember

Brief zum 20. Dezember

Hallo liebe*r [NAME],

so, nun hast du aber wirklich genug gefaulenzt, mein*e Liebe*r! Und um dich richtig in Schwung zu bringen, habe ich 20 rohe Nudeln im Haus versteckt. Kannst du sie alle finden?

Wenn nicht, kommen heute Nacht die Kobolde und essen dir alle deine Kekse weg, hihi.

Viel Erfolg bei der Suche.

Bis bald, dein Tomte!

Anleitung zum 20. Dezember

Wer suchet, der findet. So geht ein Sprichwort und darum soll es heute gehen. Ihr habt am Abend zuvor natürlich die harten und rohen Nudeln überall verteilt. Lasst dabei keine Stelle aus, auch Jackentaschen, Schuhe und Blumentöpfe kommen nicht davon.

Könnt ihr die Nudeln alle finden?

Am Ende legt ihr die Nudeln vor Tomtes Tür und schreibt eine freche Notiz wie "Hey du Witzbold! Ich/ Wir haben alle deine Nudeln gefunden."

21. Dezember

Brief zum 21. Dezember

Hallo liebe*r [NAME],

du hast wirklich alle Nudeln gefunden. Und ich habe schon gedacht, dass ich euch heute Nacht vor den Kobolden schützen muss, die gerne Mal Ärger machen. Gut, dass du mich eines Besseren belehrt hast. Dafür spiele ich dir auch (vorerst) keinen Streich mehr. Das hast du wirklich gut gemacht.

Spielst du mit deiner Familie eigentlich noch das Spiel, was ich dir geschenkt habe? Ich finde, heute ist mal wieder Familienzeit für euch mit lustigen Spielen oder einem Film-Marathon.

Bis bald, dein Tomte!

Anleitung zum 21. Dezember

Heute wird wieder gespielt, gelacht und Zeit miteinander verbracht. Anstatt Spiele zu Spielen dürft ihr es euch natürlich auch mit klassischen Weihnachtsfilmen gemütlich machen. Wie schon angesprochen, geht es in der Weihnachtszeit oft trubelig einher. Da darf auch ein entspannter Nachmittag oder ein Abend zum Abschalten gerne mal dabei sein.

Das schont sowohl eure Nerven als auch die der Kinder.

22. Dezember

Brief zum 22. Dezember

Hallo liebe*r [NAME],

mein guter Freund, der Weihnachtsmann/ das Christkind schaut am Heiligen Abend vorbei. Wie ich wird auch er/es meistens nicht von einem Menschen gesehen. Ich würde ihn/es gerne dabei beobachten und ihn/es nett begrüßen, wir sehen uns nämlich nicht so oft.

Ein gemütliches Kissen und ein paar Kekse wären wirklich fantastisch, wenn du mir das auf einer Fensterbank vorbereiten würdest.

Bis bald, dein Tomte!

Anleitung zum 22. Dezember

Ihr wollt heute für Tomte also einen gemütlichen Platz auf einer Fensterbank herrichten. Dazu braucht er zunächst ein Kissen. Schneidet aus zwei gleichgroßen Stoffstücken eine Kissenform aus. Diese legt ihr auf Links und näht sie dann gemeinsam zusammen. Lasst eine Seite dabei offen. Das Kissen muss nicht sonderlich groß sein, aber eben so groß wie eure Handfläche.

Dreht es dann auf die richtige Seite und befüllt es mit Watte. Vernäht auch dann die letzte Seite.

Legt das Kissen und die Kekse auf die Fensterbank und schaut am 24. Dezember, ob von den Keksen nur noch Krümel vorhanden sind. Vielleicht könnt ihr ja sogar eine Liegespur sehen, wo Tomte gesessen bzw. gelegen hat.

23. Dezember

Brief zum 23. Dezember

Hallo liebe*r [NAME],

ich habe den Platz ausgespäht und er ist wirklich mehr als perfekt! Dankeschön, dass du dich so sehr um meine Wünsche kümmerst, ich passe auch immer ganz fleißig auf dich, deine Familie und das Haus auf.

Weißt du, was ich mir wünschen würde? Wenn du dich heute Abend zusammen mit deiner Familie vor meine Tür setzen würdest und ihr eine Geschichte lesen würdet, am besten kurz bevor ihr schlafen geht. Dann kann ich nämlich zuhören und ich liebe Geschichten fast genau so sehr wie Kekse.

Bis bald, dein Tomte!

Anleitung zum 23. Dezember

Auch heute möchte Tomte wieder Teil eures Lebens sein. Setzt euch dazu am Abend, bevor ihr schlafen gehen wollt vor seine Tür und lest gemeinsam eine Geschichte. Gerne könnt ihr, falls euer Kind schon lesen kann, dass auch im Wechsel tun, sodass ihr verschiedene Charaktere sprecht. Nehmt euch dazu gerne etwas mehr Zeit.

24. Dezember

Brief zum 24. Dezember

Hallo liebe*r [NAME],

endlich ist Heiligabend, juhu! Das bedeutet also leckeres Essen und superviele Geschenke. Oh man ist das vielleicht aufregend, ich hab schon ein richtiges Kribbeln im Bauch!

Aber halt... das bedeutet leider auch, dass das hier der letzte Brief wird. [NAME], es war wirklich unbeschreiblich schön bei euch und du bist ein*e so gute*r Gastgeber*in. Danke, dass ich hier sein und auf euch aufpassen durfte. Ich werde die Zeit hier bei euch niemals vergessen und meinen Wichtelfreunden alles erzählen, was ich dank dir erleben durfte.

Pass auf dich auf und wer weiß, vielleicht bin ich ja im nächsten Jahr wieder hier.

Bis bald, dein Tomte!

Anleitung zum 24. Dezember

Legt Tomte noch mal eine Teemischung, Kekse, ein Bild oder vielleicht auch ein kleines Geschenk vor die Tür. Das kann er dann mit in den Wichtelwald nehmen.

Legt in der Nacht zuvor alle Sachen, die Tomte genutzt habt (also die ihr in der Nacht immer verschwinden lassen habt) vor seine Tür und dazu den beigelegten Abschiedsbrief. Somit hat euer Kind eine schöne Erinnerung an viele Ereignisse der letzten Tage und Wochen mit Tomte dem Wichtel.

Ersatz-Ideen

Nicht immer ist etwas Passendes dabei, deshalb sind spontane und kreative Einfälle gefragt, falls ihr anders planen müsst. Hier sind dazu noch einige Ideen und Anregungen.

Ihr könntet zum Beispiel einen Einkaufszettel von dem Wichtel für euer Kind hinterlegen, auf dem Zutaten für ein leckeres Plätzchenrezept stehen. Stellt in der Nacht dann die Zutaten in die Küche und am nächsten Tag stehen dann die fertigen Plätzchen bereit. Spuren in Form von Fußabdrücken aus Mehl, die von der Küche bis zur Wichteltür führen.

Um euer Kind zum Rausgehen zu motivieren, könnt ihr es draußen kleine Hölzer sammeln lassen, die Tomte als Zündholz für seinen Kamin benötigt, damit ihm nicht halt wird. Das stapelt ihr dann vor die Tür des Wichtels. Auch zum Einkaufen könnt ihr animieren, indem ihr die Kinder regelmäßig Süßigkeiten und kleine Naschereien vor die Tür des Wichtels am Abend legt und dafür muss stetig etwas Neues eingekauft werden. Tomte möchte schließlich so viele unterschiedliche Dinge der Menschen wie möglich probieren.

Das Bereitstellen von diesen Süßigkeiten könnt ihr auch als Abendritual vor dem Zubettgehen einbauen. Vergesst bloß nicht, die Süßigkeit dann in der Nacht auch verschwinden zu lassen, andernfalls müsst ihr euch am nächsten Tag eine gute Ausrede einfallen lassen, warum Tomte die Nascherei nicht gegessen hat. Als Geck könnt ihr das leere Papier der Süßigkeit auch gerne liegen lassen. Das freut euer Kind mit Sicherheit.

Außerdem könnt ihr in Tomtes Nachrichten bei Bedarf gerne öfter zu Spielnachmittagen oder Filmabende motivieren. Besonders an bereits stressigen Tagen kann eine solche Erholungszeit mit der ganzen Familie nicht schaden.

Je nach Alter und auch Lust des Kindes könnt ihr das Schreiben von Aufgaben auch durch das Malen oder eben auch umgekehrt ersetzen.

Auch Streiche und ab und an kleine Neckereien dürfen bei einem Wichtel nicht fehlen. Versteckt doch mal alle Puzzleteile aus dem Lieblingspuzzle von eurem Kind und lasst es dann das Puzzle zusammensetzen, um dann zu überprüfen, ob auch wirklich alle Teile da sind.

Lasst euch gerne individuelle, auf euer Kind abgestimmte Aufgaben einfallen, um die Vorweihnachtszeit so aufregend und abwechslungsreich wie noch die zu gestalten.

Platz für Ideen und Notizen

Platz für Ideen und Notizen

Platz für Ideen und Notizen